AF358221

DISCOURS

PRONONCÉ PAR

M. A. HUGUET

SÉNATEUR,

SUR LA TOMBE DE

M. DÉSIRÉ HENRY

ANCIEN MAIRE DE BOULOGNE-SUR-MER,
ANCIEN CONSEILLER GÉNÉRAL DU PAS-DE-CALAIS,

LE 27 FÉVRIER 1888

A LA MÉMOIRE D'UN AMI

Au nom du parti républicain, au nom du comité républicain de Boulogne, et aussi en mon nom, à titre d'ami, et comme ancien collaborateur de celui qui est dans ce cercueil, je viens exprimer les regrets que laisse après lui le grand citoyen, l'homme sympathique et bon dont nous pleurons la perte cruelle. Il va rejoindre dans la mort nombre d'amis que nous avons perdus, et son deuil ravive notre douleur.

Nous pouvons, à plus d'un titre, Messieurs, glorifier le mort qui repose devant nous.

Ce grand cœur n'est plus ! Evoquons au moins son souvenir, recueillons-nous au bord de sa tombe, et rappelons-nous tout ce qu'il y avait en lui d'affection et de dévouement pour mettre aussi, au service de la patrie, l'élan d'entraînement généreux dont il nous a donné l'exemple à l'époque de nos revers.

Désiré-Jean-Baptiste Henry naquit à Boulogne-sur-Mer, le 29 janvier 1823. Nous passerons sur les premières années de sa jeunesse, nous ne le suivrons pas davantage dans la carrière qu'il avait embrassée.

Les orateurs qui nous ont précédé ont tenu à honneur de vous dire quelle était son éloquence, la puissance de sa parole, à quelle hauteur s'élevait son remarquable talent. Sa parole pleine de chaleur et de vie, avait l'ascendant, l'autorité que donne le savoir uni à un jugement droit et à l'élévation des sentiments.

Ses qualités morales et intellectuelles lui acquirent, de bonne heure, une situation prépondérante au barreau de Boulogne. Il fut nommé, plusieurs fois, bâtonnier de l'ordre par l'estime et l'affection de ses confrères.

Désiré Henry était un esprit cultivé, une nature d'élite. Il était impossible de le voir sans être frappé de sa distinction, de son mérite, de sa rare intelligence et sans ressentir pour lui une vive attraction. Ceux qui l'approchaient de près et qui ont vécu de sa vie, n'ont pas besoin que nous rappelions sa loyauté, sa bienveillance, sa bonté, les qualités aimables de son esprit, qualités qu'il a conservées

jusqu'au dernier jour. Sa physionomie ouverte reflé-
tait les sentiments de sa belle âme, de son noble cœur.

Les qualités supérieures et les vertus du magistrat
que nous admirons en lui, il les portait dans les
assemblées du pays. Au conseil municipal, au conseil
général, dans les commissions administratives, il fut
partout le même, esprit judicieux et clairvoyant,
légiste distingué, d'une urbanité exquise, imposant
ses convictions sans jamais froisser ses adversaires,
exerçant autour de lui une influence bonne, utile et
salutaire.

Dans les fonctions multiples qu'il a remplies, il a
fait preuve d'un dévouement constant à ses conci-
toyens. La délégation académique pour l'instruction
primaire et la commission de surveillance du col-
lège communal, dont il a été membre pendant
de longues années, ont gardé le souvenir de
son active collaboration. Il s'était fait apprécier,
au même degré, dans les fonctions d'adminis-
trateur de l'hospice. Affable aux humbles et aux
malheureux, il n'a cessé d'entourer de la plus vive
sollicitude l'asile de la vieillesse et de la souffrance.

La maladie qui vint le frapper si soudainement,
il y a plus de dix ans, et qui brisa sa carrière, est de
celles qui ne font pas grâce. L'habileté avec laquelle
elle fut combattue lui procura un répit de quelques

années, mais ne put vaincre le mal ni en arrêter les progrès. Douloureusement nous vîmes la maladie lentement suivre son cours et l'emporter.

Sa vie eut à subir bien des épreuves, elle fut traversée par des douleurs et des chagrins. Il ne connut pas les joies de la famille et il ne lui a pas été donné de recueillir, dans les distinctions qu'il recherchait, le fruit de son mérite et de ses éminentes qualités.

Quand vint le jour où sa santé déclina, qu'il dut se résigner au repos, renoncer à son cabinet, à la vie politique, à l'avenir brillant qu'il entrevoyait, il rencontra chez une parente dévouée l'affection la plus vraie et les soins de la plus exquise tendresse. Sa présence adoucit l'isolement dans lequel il vivait et l'amertume de ses regrets. Toujours près de lui, elle veillait sur ses jours, ne le quittait pas, s'efforçait de lui faire oublier les ennuis de la solitude, lui prodiguait les trésors de son âme généreuse et bonne. Sa constance héroïque et ses soins assidus furent la consolation de ses dernières années.

Le témoignage de gratitude que le gouvernement de la République lui décerna, le 14 juillet 1880, fut la consécration de ses services publics. Nul ne fut plus digne de porter les insignes de la Légion d'honneur qui ont ces mots pour devise : *Honneur et Patrie.*

En politique, vous savez ce qu'il fut. Par son éducation, il n'appartenait pas à la République, mais, comme tant d'hommes libéraux, il y vint par raison et par patriotisme. Son cœur a toujours battu pour la France ! Il croyait en ses destinées et il avait une foi profonde aux progrès qui naissent d'une éducation de plus en plus grande de la Démocratie. Cette pensée inspira sa vie ; il se fit le champion des revendications de la Démocratie libérale contre le despotisme de l'Empire. Autour de lui se groupèrent des hommes ardents et convaincus, partageant ses nobles aspirations et, avec eux, ouvertement, il engagea la lutte pour le triomphe de nos libertés nationales. Cette lutte, il la soutint avec éclat, par la parole et par la presse, jusqu'au moment de nos revers où vinrent se confondre dans son âme en un même sentiment, le culte de la Patrie, et l'amour de la République. Jusqu'à son dernier souffle, il a bien mérité de la Démocratie.

Il aimait son pays, disons-nous, et il fut toujours prêt à le servir. Aussi, dès que furent connus les premiers événements de la guerre de 1870, il comprit que chacun devait, dans la mesure de ses forces, prendre part aux affaires publiques, aider notre malheureux pays à se défendre et à résister. A ce moment de crise douloureuse où la Province, comme

Paris, entraînée par un puissant génie, redoublait d'efforts et de patriotisme pour retarder l'heure de la défaite, il n'hésita pas à accepter les fonctions de maire de Boulogne. Il les remplit avec une modération, un tact, une autorité, une indépendance et un dévouement auxquels ses adversaires même rendirent un juste hommage.

Toujours sur la brèche, infatigable et énergique, il entraînait par son exemple. Son esprit fertile suffisait à tout. Il prévoyait jusqu'aux moindres détails d'une administration d'autant plus difficile qu'elle devait pourvoir, sur l'heure, aux exigences et aux nécessités du moment.

Concentrant tous les efforts, il faisait surgir du sol des ressources inconnues. Dans le même temps, il préparait les moyens de défense ; il habillait et armait les nombreuses recrues dirigées de tous les points des départements voisins sur Boulogne ; il présidait à la formation de la Garde Nationale ; il organisait les ambulances destinées à recevoir nos malheureux soldats blessés sur les champs de bataille ou atteints par la maladie ; il ouvrait des fourneaux économiques ; il installait, sur divers points de la ville, des chantiers pour donner de l'occupation aux ouvriers sans travail et sans pain ; il établissait une ambulance spéciale pour les varioleux. Grand a été son dévouement !

A l'hôpital, sur les travaux, dans les ambulances, il avait pour tous une parole de consolation ou d'espérance. On peut dire que dans ces visites quotidiennes il dépensait tout son cœur, toute son âme, sans compter, sans se ménager.

Pendant ces longs mois pénibles et douloureux, il a été admirable d'abnégation et de patriotisme. Au milieu des angoisses qu'augmentaient chaque jour les nouvelles de nos revers, nous l'avons vu, toujours ferme, donner l'exemple d'une activité sans pareille, exhorter à la confiance, encourager ceux qui désespéraient. Il a connu et partagé les douleurs de la France, et l'on peut dire que les événements de l'année terrible sont toujours restés présents à son esprit.

Aussitôt que les circonstances lui permirent de se démettre du mandat difficile et périlleux qu'il avait accepté, satisfait des services qu'il avait rendus, il revint à ses plus chères occupations.

Nous ne voudrions rien dire, Messieurs, qui pût nous distraire de la douleur profonde que nous éprouvons, mais, au moment de nous séparer de l'homme éminent dont la perte est si vivement sentie dans la ville de Boulogne, pouvions-nous ne pas rappeler ce qu'il a fait pour son pays.

Ce sera l'honneur de sa vie !

Un jour viendra où l'on appréciera, mieux qu'on ne l'a fait jusqu'à présent, ses intentions et sa conduite, lorsque l'esprit public, dégagé des luttes politiques, rendra à chacun la justice qui lui est due.

Nous honorons son dévouement et son patriotisme! — Nous saluons en lui un noble cœur, un honnête homme, un homme de bien, un esprit supérieur, un grand citoyen !

C'est le suprême témoignage qu'au nom de la Démocratie boulonnaise, de ses anciens collègues, de ses parents et de ses amis, nous puissions apporter au bord de cette tombe, persuadés que nous exprimons les sentiments de ceux qui nous entendent et qui l'ont connu. Son nom restera pour tous l'image vivante de l'honneur et du patriotisme.

Il appartient, désormais, à sa ville natale ; il figurera dans nos annales à côté des noms les plus honorables, les plus populaires et les plus regrettés.

Paris. — Imp. H. Noirot, 22, rue de l'Abbaye.